Treasury of
French Love

❧

More *Treasury of Love Poems, Quotations & Proverbs* available:

Treasury of Finnish Love

Treasury of German Love

Treasury of Italian Love

Treasury of Jewish Love

Treasury of Polish Love

Treasury of Roman Love

Treasury of Russian Love

Treasury of Spanish Love

Each collection also available as an Audio Book

Hippocrene Books
171 Madison Avenue
New York, NY 10016

A Treasury of French Love

Poems, Quotations & Proverbs

In French and English

Edited and translated by
Richard A. Branyon

HIPPOCRENE BOOKS
New York

Contents

French Love Poems

French Love Quotations & Proverbs

French Love Poems

Quand Vous Serez Bien Vieille

Quand vous serez bien vieille, au soir, à la chandelle,
Assise auprès du feu, devidant et filant,
Direz chantant mes vers, en vous esmerveillant:
Ronsard me celebroit du temps que j'estois belle.

Lors vous n'aurez servante oyant telle nouvelle,
Desja sous le labeur à demy sommeillant,
Qui au bruit de mon nom ne s'aille resveillant,
Benissant vostre nom de louange immortelle.

Je seray sous la terre, et, fantôme sans os
Par les ombres myrteux je prendray mon repos:
Vous serez au fouyer une vieille accroupie,

Regrettant mon amour et vostre fier desdain.
Vivez, si m'en croyez, n'attendez à demain:
Cueillez dès aujourd'huy les roses de la vie.

Pierre de Ronsard (1524-1585)

When You Are Old

When you are old, and sit by the candlelight
At evening near the fire and spin your wool,
You will sing my verse and marvel while you say:
Ronsard sang of my beauty when I was young.

When the maids hear the stories you tell of me,
Though nodding they will waken at my name,
And extol your memory and immortal fame
For you will always share in my immortality.

I will lie beneath the earth, a boneless ghost,
Under the roots of myrtles I will find my repose,
And in your old age you will huddle by the hearth.

You will regret my love and your disdain.
Live now, take heed; do not wait 'til tomorrow,
But gather the roses of life while you may.

Ode à Cassandre

Mignonne, allons voir si la rose
Qui ce matin avoit desclose
Sa robe de pourpre au Soleil,
A point perdu, ceste vesprée,
Les plis de sa robe pourprée,
Et son teint au vostre pareil.

Las! voyes comme en peu d'espace,
Mignonne, elle a dessus la place
Las! las, ses beautez laissé cheoir!
O vrayment marastre Nature,
Puis qu'une telle fleur ne dure
Que du matin jusques au soir!

Donc, si vous me croyez, mignonne,
Tandis que vostre âge fleuronne
En sa plus verte nouveauté,
Cueillez, cueillez vostre jeunesse:
Comme à ceste fleur, la vieillesse
Fera ternir vostre beauté.

Pierre de Ronsard

Ode to Cassandra

Darling, let's go see if the rose,
Newly opened this morning
In a robe of crimson to the sun,
Has lost its beauty this evening,
To see if the folds of crimson
Have become less than yours.

Darling, we find how brief the time
Its beauty lasts in such a place.
Loveliness has let itself depart,
Nature's mothering is bitter,
That such a flower survives
Only from morning to evening.

Darling, place trust in my words:
Old age will shrivel you
As it does this new flower.
Seize it now, seize your youth
As this flower; while your
Beauty flowers within you.

A Sa Maîtresse

Plusieurs de leurs cors denuez
    Se sont vu en diverse terre
    Miraculeusement muez,
    L'un en serpent, et l'autre en pierre,

L'un en fleur, l'autre en arbrisseau,
    L'un en loup, l'autre en colombelle,
    L'un se vit changer en ruisseau,
    Et l'autre devint arondelle.

Mais je voudrais estre miroit,
    Afin que tousjours tu me visses:
    Chemise je voudrois me voir,
    Afin que toujours tu me prisses.

Voulontiers eau je deviendrois
    Afin que ton corps je lavasse,
    Estre du parfum je voudrois
    Afin que je te parfumasse.

Je voudrois estre le riban
    Qui serre ta belle poitrine:
    Je voudrois estre la carquan
    Qui orne ta gorge yvoirine.

Je voudrois estre tout autour
    Le coral qui tes lévres touche,
    Afin de baiser nuict et jour
    Tes belles lévres et ta bouche.

Pierre de Ronsard

To His Mistress

Many of their freed bodies
Discovered themselves in strange countries
Changed in miraculous ways,
One to a serpent, another to a stone.

One into a flower, another into a shrub,
One into a wolf, another into a dove,
One was changed into a stream,
And one into a swallow.

I would be a mirror.
You would always look into me.
I could be your shirt.
You would wear me.

With great delight I would become
Water while I bathed your body;
And become the perfume of you,
And give you my scent.

I would be the ribbon binding
Your lovely breasts.
I would be the necklace
Around you lovely throat.

I want to be the coral
That your lips are touching.
All night and day I would kiss
Your sweet lips and mouth.

J'ay Desiré Cent Fois

J'ay desiré cent fois me transformer, et d'estre
Un espirit invisible, afin de me cacher
Au fond de vostre coeur, pour l'humeur rechercher
Qui vous fait contre moy si cruelle apparoistre.

Si j'estois dedans vous, au moins je serois maistre
De l'humeur qui vous fait contre l'Amour pecher,
Et si n'auriez ny pouls, ny nerfs dessous la chair,
Que je ne recherchasse à fin de vous cognoistre.

Je sçaurois maugré vous et voz complexions,
Toutes voz volontez, et voz conditions,
Et chasserois si bien la froideur de voz veines,

Que les flames d'amour vous y allumeriez:
Puis quand je les voirrois de son feu toutes pleines,
Je me referois homme, et lors vous m'aimeriez.

Pierre de Ronsard

I Want to Be Inside You

A hundred times I wish I could transform myself
And become an invisible spirit that hides inside your heart
And seeks to comprehend your scorn
Which seems to me so creul.

I would become master of your emotion.
I would discover the pulse of your nerves
As they flow through your flesh and change
Your disdain. And then I would know you.

In spite of yourself, against your will
I would be a part of your desires and your terms.
And I would chase the coolness from your veins.

So perfectly, love could set fire to you,
Then, when I saw them burst into full flame,
I would step out and be a man again.

Sonnet VIII

Je vis, je meurs: je me brule et me noye.
J'ay chaud estremement en endurant froidure:
La vie m'est et trop molle et trop dure.
J'ay grands ennuis entremeslez de joye:

Tout à un coup je ris et je larmoye,
Et en plaisir, maint grief tourment j'endure:
Mon bien s'en va, et à jamais il dure:
Tout en un coup je seiche et je verdoye.

Ainsi Amour inconstamment me meine:
Et quand je pense avoir plus de douleur,
Sans y penser je me trouve hors de peine.

Puis quand je croy ma joue estre certaine,
Et estre au haut de mon desiré heur,
Il me remet en mon premier malheur.

Louise Labé (1525-1565)

Sonnet 8

I live, I die. I drown and I burn.
I shiver with cold and perish with heat.
I leap from anguish to delight; from sweet
To bitter. No two moments are the same.

Suddenly my laughter and my cries
Join in a single instant, each pleasure
Aches with a hidden torment, and the night
Fades, yet endures. I wither and I bloom.

So Love leads me on forever.
And when I think I know the limits of pain
Without knowing, I find myself at peace.

When I think my joy is lasting and I see
Some future hope, some present certainty,
He returns and brings back the past again.

Sonnet XIV

Tant que mes yeux pourront larmes espandre,
A l'heur passé avec toy regretter:
Et qu'aus sanglots et soupirs resister
Pourra ma voix, et un peu faire entendre:

Tant que ma main pourra les cordes tendre
Du mignart Lut, pour tes graces chanter:
Tant que l'esprit se voudra contenter
De ne vouloir rien fors que toy comprendre:

Je ne souhaitte encore point mourir.
Mais quand me yeus je sentiray tarir,
Ma voix cassee, et ma main impuissante,

Et mon esprit en ce mortel sejour
Ne pouvant plus montrer signe d'amante:
Prirey la Mort noircir mon plus cler jour.

Louise Labé

Sonnet 14

While tears still fall from my eyes
Missing the joyful days I spent with you,
While I try to resist my sobs and sighs,
While my voice, though faint, is still heard,

While my hand can still pluck the strings
Of my sweet lute to sing of your rapture,
And while my mind still desires to erase
All other memories except those of you,

I have no desire to die.
But when I feel my tears go dry,
My voice goes silent, my hands go limp,

And my poor spirit can no longer express
The pangs of my love, then I will pray
For dark death to end my bright day.

Scéne de Phêdre

       Ah! cruel, tu m'as trop entendue.
Je t'en ai dit assez pour te tirer d'erreur.
Hé bien! connais donc Phêdre et toute sa fureur.
J'aime. Ne pense pas qu'au moment que je t'aime,
Innocente à mes yeux, je m'approuve moi-même;
Ni que du fol amour qui trouble ma raison
Ma lâche complaisance ait nourri le poison.
Objet infortuné des vengeances célestes,
Je m'abhorre encor plus que tu ne me détestes.
Les Dieux m'en sont témoins, ces Dieux qui dans mon flanc
Ont allumé le feu fatal à tout mon sang;
Ces Dieux qui se sont fait une gloire cruelle
De séduire le coeur d'une faible mortelle.
Toi-même en ton esprit rappelle le passé.
C'est peu de t'avoir fui, cruel, je t'ai chassé;
J'ai voulu te paraître odieuse, inhumaine;
Pour mieux te résister, j'ai recherché ta haine.
De quoi m'ont profité mes inutiles soins?
Tu me haïssais plus, je ne t'aimais pas moins.
Tes malheurs te prêtaient encor de nouveaux charmes.
J'ai langui, j'ai séché, dans les feux, dans les larmes.
Il suffit te tes yeux pour t'en persuader,
Si tes yeux un moment pouvaient me regarder.
Que dis-je? Cet aveu que je te viens de faire,
Cet aveu si honteux, le crois-tu volontaire?
Tremblante pour un fils que je n'osais trahir,
Je te venais prier de ne le point haïr.
Faibles projets d'un coeur trop plein de ce qu'il aime!
         Hélas! je ne t'ai pu parler que de toi-même.

Excerpt from Phedra

Ah! You understood me all too well.
I have revealed too much for 'misinterpretation';
Now recognize a woman torn apart by passion.
I am in love. Guiltless in my own eyes, my love
For you is not a thing of which I can approve.
It was not cowardice or compliance bred the poison
Of the insane desire that now destroys my reason.
Venus has sought me out for her revengeful curse;
You may abhor me, but I loathe myself far worse.
I call the Gods to witness, those cruel Gods, that flood
My loins with fire, like all those of our cursèd blood;
Gods who seduce weak human beings, as they please,
From the straight paths of love to perverse heresies.
I tried to fly from you, but it was useless. Malice
And desperation made me drive you from the palace.
I sought your hatred; it alone could strengthen me.
What was the upshot of my futile strategy?
You loathed me all the more, I did not love you less:
Your grace and beauty only grew in your distress.
I pined in tears, shrivelled in fire, past remedy;
You could have seen if you had ever looked at me.
What have I said? Can you imagine I enjoyed
Confessing shame I tried expressly to avoid?

Venge-toi, punis-moi d'un odieux amour.
Digne fils du héros qui t'a donné le jour,
Délivre l'univers d'un monstre qui t'irrite.
La veuve de Thésée ose aimer Hippolyte!
Crois-moi, ce monstre affreux ne doit point t'echapper.
Voilá mon coeur. C'est là que ta main doit frapper.
Impatient déjà d'expier son offense,
Au-devant de ton bras je le sens qui s'avance.
Frappe. Ou si tu le crois indigne de tes coups,
Si ta haine m'envie un supplice si doux,
Ou si d'un sang trop vil ta main serait trempée,
Au défaut de ton bras prête-moi ton épée.
Donne.

Jean Baptiste Racine (1639-1699)

Take your revenge on me and on my love together.
Show yourself the son of your heroic father,
And slay another monster, the most dangerous,
Theseus' wife that dared to love Hippolytus!
Only this monster sees its death as a reward;
Here is my heart;
here is where you must sheathe your sword.
Kill me. Or, if I'm thought too vile an enemy,
Should your hate begrudge me so sweet an agony,
Or if your hand would be defiled by such foul blood,
then do not plunge it in yourself—give me the sword.
Give it to me.

Élégie

Cueillons, cueillons la rose au matin de la vie;
Des rapides printemps respire au moins les fleurs;
Aux chastes voluptés abandonnons nos coeurs;
Aimons-nous sans mesure, ô mon unique amie!

Quand le nocher battu par les flots irrités,
Voit son fragile esquif menacé du naufrage,
Il tourne ses regards aux bords qu'il a quittés,
Et regrette trop tard les loisirs du rivage.
Ah! qu'il voudrait alors, au toit de ses aïeux,
Près des objets chéris présents à sa mémoire,
Coulant des jours obscurs, sans périls et sans gloire,
N'avoir jamais laissé son pays ni ses dieux!

Ainsi l'homme, courbé sous le poids des années,
Pleure son doux printemps qui ne peut revenir.
«Ah! rendez-moi, dit-il, ces heures profanées!
Ô dieux! dans leur saison j'oubliai d'en jouir.»
Il dit: la mort répond; et ces dieux qu'il implore
Le poussant au tombeau sans se laisser fléchir,
Ne lui permettent pas de se baisser encore
Pour ramasser ces fleurs qu'il n'a pas su cueillir.

Aimons-nous, ô ma bien-aimée!
Et rions des soucis qui bercent les mortels.
Pour le frivole appât d'une vaine fumée,
La moitié de leurs jours, hélas! est consumée
Dans l'abandon des biens réels.
A leur stérile orgueil ne portons point envie;
Laissons le long espoir aux maîtres des humains!
Pour nous, de notre heure incertains,
Hâtons-nous d'épuiser la coupe de la vie
Pendant qu'elle est entre nos mains.

Alphonse de Lamartine (1790-1869)

Elegy

Let us gather, let us gather the rose in the morning of life; at least breathe the flowers of fleeting Springs; let us abandon our hearts to chaste pleasures; let us love without limit, O my only friend!

When the boatman beaten by angry waves sees his frail bark threatened by shipwreck, he turns his glance ot the shores he has left and regrets too late the land's leisure. Ah! how he then wishes he had never forsaken his country or his gods, passing obscure days without danger or fame beneath the roof of his fathers near the beloved objects that are present in his memory!

So man, bent beneath the weight of the years, weeps for his sweet Spring that cannot return. 'Ah! give me back, he says those hours I profaned! O gods! I forgot to enjoy them in their season.' He speaks; death replies; and those gods to whom he prays, pushing him into the grave without relenting, do not let him stoop again to pick up those flowers which he has not known how to gather.

O my beloved, let us love one another! And let us laugh at the cares that cradle mortal men. For the foolish lure of empty smoke half their days, alas! are used up in neglect of the real wealth. Let us not envy their sterile pride; let us leave far-off hopes to the masters of men! For us, uncertain of our hour, let us hasten to empty life's cup while it is in our hands.

A Une Femme

Enfant! si j'étais roi, je donnerais l'empire,
Et mon char, et mon sceptre, et mon peuple à genoux,
Et ma couronne d'or, et mes bains de porphyre,
Et mes flottes, à qui la mer ne peut suffire,
Pour un regard de vous!

Si j'étais Dieu, la terre et l'air avec les ondes,
Les anges, les démons courbés devant ma loi,
Et le profond chaos aux entrailles fécondes,
L'éternité, l'espace, et les cieux, et les mondes,
Pour un baiser de toi!

Victor Hugo (1802-1885)

To a Woman

Child, if I were a king, I would surrender my throne,
My royal carriage, my scepter, and my kneeling subjects,
My golden crown, my baths of porphyry,
My fleets that sail the seas, my regal splendor,
All for one look of yours.

If I were God, the earth, the sky and oceans deep,
The angels and demons beneath my divine rule,
The profound chaos with flanks of flaming gold,
Eternity, space, the sky, and the planets,
All for one kiss of yours.

Puisque J'ai Mis Ma Lèvre

Puisque j'ai mis ma lèvre à ta coupe encor pleine,
Puisque j'ai dans tes mains posé mon front pâli,
Puisque j'ai respiré parfois la douce haleine
De ton âme, parfum dans l'ombre enseveli;

Puisqu'il me fut donné de t'entendre me dire
Les mots où se répand le coeur mystérieux,
Puisque j'ai vu pleurer, puisque j'ai vu sourire
Ta bouche sur ma bouche et tes yeux sur mes yeux;

Puisque j'ai vu briller sur ma tête ravie
Un rayon de ton astre, hélas! voilé toujours,
Puisque j'ai vu tomber dans l'onde de ma vie
Une feuille de rose arrachée à tes jours,

Je puis maintenant dire aux rapides années:
—Passez! passez toujours! je n'ai plus à vieillir!
Allez-vous en avec vos fleurs toutes fanées;
J'ai dans l'âme une fleur que nul ne peut cueillir!

Votre aile en le heurtant ne fera rien répandre
Du vase où je m'abreuve et que j'ai bien rempli.
Mon âme a plus de feu que vous n'avez de cendre!
Mon coeur a plus d'amour que vous n'avez d'oubli!

Victor Hugo

The Vase

Since I have often placed my lips to your overflowing cup,
Since in your soft hands I have often placed my pale
*   brow,*
Since I have often breathed the heavenly sweet fragrance,
Of your soul, enshrined in the darkness of shadows;

Since it was given to me to hear the secret mysteries
That dwell within the most sacred recess of your heart,
Since I have seen you cry and I have seen you smile,
Your lips upon my lips, your eyes upon my eyes;

Since from your veiled star I have often seen the rays
Shining on my ravished brow and holding me a slave,
Since I have seen fall on the water of my life
A rose petal plucked from your sweet days,

I now defy the years in their impetuous flight:
Pass on! pass on! I no longer grow old!
Flee on with all your garlanded flowers that die,
I have within my soul a flower you cannot pluck.

Your wings may smite it but never spill a drop
From my abundant vase as it slakes my thirst,
Your ashes can never smother my soul's flame
And oblivion can never quench my eternal love.

Une Allée du Luxembourg

Elle a passé, la jeune fille
Vive et preste comme un oiseau:
A la main une fleur qui brille,
A la bouche un refrain nouveau.

C'est peut-être la seule au monde
Dont le coeur au mien répondrait,
Qui venant dans ma nuit profonde
D'un seul regard l'éclaircirait!

Mais non,—ma jeunesse est finie...
Adieu, doux rayon qui m'as lui,—
Parfum, jeune fille, harmonie...
La bonheur passait, — il a fui!

Gérard de Nerval (1808-1855)

An Alley in the Luxembourg Garden

The young girl passed by
as quickly and lively as a bird,
in her hand was a shining flower,
and in her mouth a new song.

She is, perhaps the only one in the
the world whose heart would answer
mine and who, coming into my night,
would light it up with a single glance.

But no—my youth is gone forever
Farewell, sweet ray that shown on me,
perfume, young girl, and melody...
Happiness passed by—it has fled.

A Julie

On me demande, par les rues,
Pourquoi je vais bayant aux grues,
Fumant mon cigare au soleil,
A quoi se passe ma jeunesse,
Et depuis trois ans de paresse
Ce qu'oint fait mes nuits sans sommeil.

Donne-moi tes lèvres, Julie;
Les folles nuits qui t'ont pâlie
Ont séché leur corail luisant.
Parfume-les de ton haleine;
Donne-les-moi, mon Africaine,
Tes belles lèvres de pur sang.

Mon imprimeur crie à tue-tête
Que sa machine est toujours prête,
Et que la mienne n'en peut mais.
D'honnêtes gens, qu'un club admire,
N'ont pas dédaigné de prédire
Que je n'en reviendrai jamais.

Julie, as-tu du vin d'Espagne?
Hier, nous battions la campagne;
Va donc voir s'il en reste encor.
Ta bouche est brûlante, Julie;
Inventons donc quelque folie
Qui nous perde l'âme et le corps.

On dit que ma gourme me rentre,
Que je n'ai plus rien dans le ventre,
Que je suis vide à faire peur;
Je crois, si j'en valais la peine,
Qu'on m'enverrait à Sainte-Hélène,
Avec un cancer dans le coeur.

Alfred du Musset (1810-1857)

———

32

To Julia

In the streets they ask me
why I stare at the young girls,
smoking my cigar in the sun,
how my youth has passed,
and what my sleepless nights have
produced during these three years.

Give me your lips, Julia;
the wild nights that made you pale
have dried their lustrous coral.
Perfume them with your breath;
give them to me, my Barbary,
your lovely lips of pedigree.

My printer loudly cries that his
machine is always ready and that
mine can produce nothing more.
Those whom clubs admire, have been
quick to say that I shall not recover.

Julia, have you any Spanish wine?
Yesterday we were carousing;
go then and see if you have any left.
Your mouth is burning, Julia;
let us find some madness to
destroy our body and soul.

They say I am reaping my wild oats,
that I have nothing more inside,
and that I am completely hollow;
I think that if I were worth it, they
would send me to St. Helena
with this cancer in my heart.

A Une Robe Rose

Que tu me plais dans cette robe
Qui te déshabille si bien,
Faisant jaillir ta gorge en globe,
Montrant tout nu ton bras païen!

Frêle comme une aile d'abeille,
Frais comme un cœur de rose-thé.
Son tissu, caresse vermeille,
Voltige autour de ta beauté.

De l'épiderme sur la soie
Glissent des frissons argentés,
Et l'étoffe à la chair renvoie
Ses éclairs roses reflétés.

D'où te vient cette robe étrange
Qui semble faite de ta chair,
Trame vivant qui mélange
Avec ta peau son rose clair?

Est-ce à la rougeur de l'aurore,
A la coquille de Vénus,
Au bouton de sein près d'éclore,
Que sont pris ces tons inconnus?

Ou bien l'étoffe est-elle teinte
Dans les roses de ta pudeur?
Non; vingt fois modelée et peinte,
Ta forme connaît sa splendeur.

To a Pink Dress

How I like you in that dress
which undresses you so well,
making your round breasts firm,
showing your naked white arm.

As delicate as a bee's wing,
cool as the heart of tea-rose,
it hovers around your beauty
like a beautiful, rosy caress.

Silver shivers of silk glide on
your skin and the cloth sends
back its reflected image to
the pink lights of your flesh.

Where did you find such a dress,
one that seems to be made from
your flesh, a living cloth which
mingles its pink with your skin.

Are these secret hues taken
from the crimson of the dawn,
from the shell of Venus, or from
your nipples about to burst forth?

Or is the cloth dyed in the roses
of your modesty? No, but after
being painted more than twenty times,
your body knows its own splendor.

Jetant le voile qui te pèse,
Réalite que l'art rêva,
Comme la princesse Borghèse
Tu poserais pour Canova.

Et ces plis roses sont les lèvres
De mes désirs inapaisés,
Mettant au corps dont tu les sèvres
Une tunique de baisers.

Théophile Gautier (1811-1872)

Throwing off this oppressive veil,
you would be the reality which art
dreams of, like Princess Borghese,
you would pose for Canova.

And these pink folds are the lips
of my unsatisfied desire, which you torment,
dressing your body
with a tunic of kisses.

Tre Fila D'oro

Là-bas, sur la mer, comme l'hirondelle,
Je voudrais m'enfuir, et plus loin encor!
Mais j'ai beau vouloir, puisque la cruelle
A lié mon coeur avec trois fils d'or.

L'un est son regard, l'autre son sourire,
Le troisième, enfin, est la lèvre en fleur;
Mais je l'aime trop, c'est un vrai martyre:
Avec fils d'or elle a pris mon coeur!

Oh! si je pouvais dénouer ma chaîne!
Adieu, pleurs, tourments; je prendrais l'essor.
Mais non, non! mieux vaut mourir à la peine
Que de vous briser, ô mes trois fils d'or.

Leconte de Lisle (1818-1894)

Three Gold Strands

As the swallow glides over the sea
I long to flee to distant lands;
But my wish is vain, a cruel girl
Has bound my heart with three gold strands.

One is her glance, one is her smile,
The third is the flower of her lovely lips.
I love her too much; I am her martyr,
With three gold strands she snared my heart.

Oh! If I could only untie my binding chain,
Forget my despair, unfold my wings.
But no, I would much rather die in pain
Than sever you, my three strands of gold.

Parfum Exotique

Quand, les deux yeux fermés, en un soir chaud
d'automne,
Je respire l'odeur de ton sein chalareux,
Je vois se dérouler des rivages heureux
Qu'éblouissent les feux d'un soleil monotone;

Une île paresseuse où la nature donne
Des arbres singuliers et des fruits savoureux;
Des hommes dont le corps est mince et vigoureux,
Et des femmes dont l'oeil par sa franchise étonne.

Guidé par ton odeur vers de charmants climats,
Je vois un port rempli de voiles et de mâts
Encor tout fatigués par la vague marine,

Pendant que le parfum des verts tamariniers,
Qui circule dans l'air et m'enfle la narine,
Se mêle dans mon âme au chant des mariniers.

Charles Baudelaire (1821-1867)

Exotic Perfume

While, with both eyes closed on a warm autumn
  night,
I inhale the fragrance of your welcoming bosom,
I see happy shores unfolding
Dazzled by the fires of a monotonous sun.

A lazy island where nature produces
Isolated trees and savory fruits;
Men whose bodies are slim and vigorous,
And women whose eyes astonish with candor.

Guided by your fragrance toward enchanting climes,
I see a harbor filled with sailboats and masts
Still wearied by the waves of the ocean.

While the perfume of the green tamarind trees,
That circulates in the air and fills my nostrils,
Mingles in my soul with the mariner's melody.

Le Vampire

Toi qui, comme un coup de couteau,
Dans mon coeur plaintif es est entrée;
Toi qui, forte, comme un troupeau
De démons, vins, folle et parée,

De mon esprit humilié
Faire ton lit et ton domaine;
—Infâme à qui je suis lié
Comme le forçat à la chaîne,

Comme au jeu le joueur têtu,
Comme à la bouteille l'ivrogne,
Comme aux vermines la charogne,
—Maudite, maudite sois-tu!

J'ai prié le glaive rapide
De conquérir ma liberté,
Et j'ai dit au poison perfide
De secourir ma lâcheté.

Hélas! le poison et le glaive
M'ont pris en dédain et m'ont dit:
"Tu n'es pas digne qu'on t'enlève
A ton esclavage maudit,

Imbécile!—de son empire
Si nos efforts te délivraient,
Tes baisers ressusciteraient
Le cadavre de ton vampire!"

Charles Baudelaire

The Vampire

You who, like a knife,
Have entered my sorrowful heart;
You who, strong as a drove of demons
Entered, crazy and decked in finery,

To turn my humiliated mind
And spirit into your bed and domain;
—Infamous one to whom I am tied
Like the convict to his chain.

Like the stubborn gambler to a game,
Like the drunkard to the bottle,
Like the carrion to vermin,
—A curse, a curse upon you!

I have begged the speedy blade
To conquer my liberty,
And I have told perfidious poison
To assist my cowardice.

Alas! the poison and the blade
Began to scorn me and said:
"You aren't worthy of being freed
From your accursed slavery,

You imbecile!—if our efforts
Delivered you from her empire,
Your kisses would resuscitate
The cadaver of your vampire!"

La Chevelure

O toison, moutonnant jusque sur l'encolure!
O boucles! O parfum chargé de nonchaloir!
Extase! Pour peupler ce soir l'alcôve obscure,
Des souvenirs dormant dans cette chevelure,
Je la veux agiter dans l'air comme un mouchoir!

La langoreuse Asie et la brûlante Afrique,
Tout un monde lointain, absent, presque défunt,
Vit dans tes profondeurs, forêt aromatique!
Comme d'autres esprits voguent sur la musique,
Le mien, ô mon amour! nage sur ton parfum.

J'irai là-bas où l'arbre et l'homme, pleins de sève,
Se pâment longuement sous l'ardeur des climats;
Fortres tresses, soyez la houle qui m'enlève!
Tu contiens, mer d'ébène, un éblouissant rêve
De voiles, de rameurs, de flammes et de mâts:

Un port retentissant où mon âme peut boire
A grands flots le parfum, le son et la couleur;
Où les vaisseaux glissant dans l'or et dans la moire,
Ouvrent leurs vastes bras pour embrasser la gloire
D'un ciel pur où frémit l'éternelle chaleur.

Je plongerai ma tête amoureuse d'ivresse
Dans ce noir océan où l'autre est enfermé;
Et mon esprit subtil que le roulis caresse
Saura vous retrouver, ô féconde paresse!
Infinis bercements du loisir embaumé!

Head of Hair

O fleece, foaming down upon your neck!
O curly locks! O perfume replete with nonchalance!
Ecstasy! To the people tonight the obscure alcove
With memories sleeping in your hair,
I want to wave it in the air like a handkerchief!

Languorous Asia and ardent Africa,
A whole world distant, absent, almost dead,
Become alive in the depths of your aromatic forest!
As other spirits move ahead in time with music,
Mine, o my love, swims along in your scent.

I will go over there where, men and trees, full of sap,
Slowly swoon beneath the climate's ardor;
Strong tresses, the surge takes my senses away.
You contain a dazzling dream, a sea of ebony,
Of sails and rowers, pennants, masts and flames.

A resounding port where my soul can drink
The perfume, the sound and color;
Where the ships, gliding into the golden waves
Open their vast arms to embrace the glory
Of a pure sky quivering with eternal heat.

I will plunge my head in love with drunkenness
Into this black ocean where the other is enclosed;
And my subtle spirit which the waves caress
Will know how to find you, o fertile laziness!
The infinite cradle rocking, embalmed leisure.

Cheveux bleus, pavillon de ténèbres tendues,
Vous me rendez l'azur du ciel immense et rond;
Sur les bords duvetés de vos mèches tordues
Je m'enivre ardemment des senteurs confondues
De l'huile de coco, du musc et du goudron.

Longtemps! toujours! ma main dans ta crinière lourde
Sèmera le rubis, la perle et le saphir,
Afin qu'à mon désir tu ne sois jamais sourde!
N'es-tu pas l'oasis où je rêve, et la gourde
Où je hume à longs traits le vin du souvenir?

Charles Baudelaire

Blue hair, pavilion of outstretched night,
You unlock once more the round azure sky
On the downy shores of your coiled hair
I become ardently intoxicated with the
Mingled scents of coconut oil, musk and tar.

A long time! forever! My hand in your mane
Will bring forth ruby, pearl and sapphire,
So that you may never be deaf to my desire!
You are the oasis where I pursue my reverie,
And the gourd from which I drink the wine of memory.

Les Bijoux

La très-chère était nue, et, connaissant mon coeur,
Elle n'avait gardé que ses bijoux sonores,
Dont le riche attirail lui donnait l'air vainqueur
Qu'ont dans leurs jours heureux les esclaves des Maures.

Quand il jette en dansant son bruit vif et moqueur,
Ce monde rayonnant de métal et de pierre
Me ravit en extase, et j'aime avec fureur
Les choses où le son se mêle à la lumière.

Elle était donc couchée et se laissait aimer,
Et du haut du divan elle souriait d'aise
A mon amour profond et doux comme la mer,
Qui vers elle montait comme vers sa falaise.

Les yeux fixés sur moi, comme un tigre dompté,
D'un air vague et rêveur elle essayait des poses,
Et la candeur unie à la lubricité
Donnait un charme neuf à ses métamorphoses;

Et son bras et sa jambe, et sa cuisse et ses reims,
Polis comme de l'huile, onduleux comme un cygne,
Passaient devant mes yeux clairvoyants et sereins;
Et son ventre et ses seins, ces grappes de ma vigne,

S'avançaient, plus câlins que les anges du mal,
Pour troubler le repos où mon âme était mise,
Et pour la déranger du rocher de cristal,
Où calme et solitaire elle s'était assise.

The Jewels

My dearly beloved was nude, and, knowing my heart,
She had kept on her sonorous jewelry,
Whose rich adornments gave her the victorious air
Of Moorish slaves on their most happy days.

When it hurls in dancing its lively and mocking tingle
This radiant world of metal and stone
Grips me with ecstasy, and I love with passion
Those things in which sound and light mingle.

She was lying down and let herself be loved,
And with pleasure she smiled from the divan
At my love as deep and gentle as the sea,
That rose up towards her as towards a cliff.

Her eyes were fixed upon me, like a tiger made tame,
In a vague and dreamy state she tried many poses,
And her candor combined with her lubricity
Gave a unique charm to her metamorphoses;

And her arm and her leg, and her loins and her thighs,
As smooth as oil, as sinuous as a swan,
Moved past before my clear and serene eyes;
And her stomach and breasts were clusters of my vine.

Advanced, more persistent than the angels of evil,
To trouble the resting place where my soul had gone,
And to remove it from the crystalline rock where
Solitary and calm, it had become ensconced.

Je croyais voir unis par un nouveau dessin
Les hanches de l'Antiope au buste d'un imberbe,
Tant sa taille faisait ressortir son bassin.
Sur ce teint fauve et brun le fard était superbe!

—Et la lampe s'étant résignée à mourir,
Comme le foyer seul illuminait la chambre,
Chaque fois qu'il poussait un flamboyant soupir,
Il inondait de sang cette peau couleur d'ambre!

Charles Baudelaire

I thought I saw the hips of Antiope
Joined in a new design with a young bust,
Her waist set off her pelvis to such a degree.
On her dusky complexion the rouge was sublime.

—And while the lamp was resigning to die,
As the hearth alone illuminated the room,
Each time that it uttered a flamboyant sigh,
It drowned in blood that skin of amber.

Apparition

La lune s'attristait. Des séraphins en pleurs
Rêvant, l'archet aux doigts, dans le calme des fleurs
Vaporeuses, tiraient de mourantes violes
De blancs sanglots glissant sur l'azur des corolles.
—C'était le jour béni de ton premier baiser.
Ma songerie aimant à me martyriser
S'enivrait savamment du parfum de tristesse
Que même sans regret et sans déboire laisse
La cueillaison d'un Rêve au coeur qui l'a cueilli.
J'errais donc, l'oeil rivé sur le pavé vieilli
Quand avec du soleil aux cheveux, dans la rue
Et dans le soir, tu m'es en riant apparue
Et j'ai cru voir la fée au chapeau de clarté
Qui jadis sur mes beaux sommeils d'enfant gâté
Passait, laissant toujours de ses mains mal fermées
Neiger de blancs bouquets d'étoiles parfumées.

Stéphane Mallarmé (1842-1898)

Apparition

The moon was languishing. Seraphim dreaming in tears,
With bows in their hands in the calm of the vaporous
Flowers, free from the dying violins
White sobs gliding the azure of the corollas.
—It was the blessed day of your first kiss.
My dreaming, delighted in my martyrdom,
Became drunk with the perfume of sadness
Which the gathering of a Dream, without regret
Or disenchantment, leaves within the heart.
And so I wandered, with my eye fixed on the aged road
When with the sunlight in your hair, on the street
And in the evening, laughing you appeared to me
And I thought I saw a fairy with a radiant hat
Who in former times would pass over my slumbers
Of a spoiled child, always spreading from her loose hands
Snow white bouquets of perfumed stars.

Tristesse d'Été

Le soleil, sur le sable, ô lutteuse endormie,
En l'or de tes cheveux chauffe un bain langoureux
Et, consumant l'encens sur ta joue ennemie,
Il mêle avec les pleurs un breuvage amoureux.

De ce blanc flamboiement l'immuable accalmie
T'a fait dire, attristée, ô mes baisers peureux,
"Nous ne serons jamais une seule momie
Sous l'antique désert et les palmiers heureux!"

Mais ta chevelure est une rivière tiède,
Où noyer sans frissons l'âme qui nous obsède
Et trouver ce Néant que tu ne connais pas.

Je goûterai le fard pleuré par tes paupières,
Pour voir s'il sait donner au coeur que tu frappas
L'insensibilité de l'azur et des pierres.

                              Stéphane Mallarmé

Sadness of Summer

Mingling a potion for his thirst in the sun
Dries on your cheek the tears with perfume straying,
My sweet opponent! languorously fordone,
Bathed in your warm hair, love's fatigue allaying.

The stillness of burning hair, the half-won kiss
Have saddened you, and now I hear you saying:
"We two shall never lie embalmed as one
Beneath the eternal sand and palm trees playing."

Yet in your warm golden hair, downward flowing,
I find Nirvana and leave you unknowing,
And drown unfaltering my soul, my bane;

And taste your darkened lashes smudged with tears
And drugging the heart you pierced with joy and pain,
Take on the hardness of these azure spheres.

Antoine et Cléopatre

Tous deux ils regardaient, de la haute terrasse,
L'Egypte s'endormir sous un ciel étouffant
Et le Fleuve, à travers le Delta noir qu'il fend,
Vers Bubaste ou Saïs rouler son onde grasse.

Et le Romain sentait sous sa lourde cuirasse,
Soldat captif berçant le sommeil d'un enfant,
Ployer et défaillir sur son coeur triomphant
Le corps Voluptueux que son étreinte embrasse.

Tournant sa tête pâle entre ses cheveux bruns
Vers celui qu'enivraient d'invincibles parfums,
Elle tendit sa bouche et ses prunelles claires;

Et sur elle courbé, l'ardent Imperator
Vit dans ses larges yeux étoilés de points d'or
Toute une mer immense où fuyaient des galères.

José Maria de Hérédia (1842-1905)

Antony and Cleopatra

The two lovers pace the terrace nervously,
And watch Egypt dream beneath a sultry sky,
And hear the Nile, flowing across the black Delta
Through Saïs and Bubastis to the sea.

The Roman feels beneath his stout cuirass,
As a captive soldier cradled like a child,
Bending and molding his triumphant heart
The voluptuous body he longs to embrace.

Turning her white face and dark hair
Towards him, drunk with her perfume,
She offers up her lips and liquid eyes.

The proud general bends to her embrace,
And sees in her golden eyes a troubled sea,
Immense and dark, where the galleys fled.

Colloque Sentimentale

Dans le vieux parc solitaire et glacé
Deux formes ont tout à l'heure passé.

Leurs yeux sont morts et leurs lèvres sont molles,
Et l'on entend à peine leurs paroles.

Dans le vieux parc solitaire et glacé
Deux spectres ont évoqué le passé.

—Te souviens-tu de notre extase ancienne?
—Pourquoi voulez-vous donc qu'il m'en souvienne?

—Ton coeur bat-il toujours à mon seul nom?
Toujours vois-tu mon âme en rêve?—Non.

—Ah! les beaux jours de bonheur indicible
Où nous joignions nos bouches! —C'est possible.

—Qu'il était beau le ciel, et grand, l'espoir!
—L'espoir a fui, vaincu, vers le ciel noir.

Tels ils marchaient dans les avoines folles,
Et la nuit seule entendit leurs paroles.

Paul Verlaine (1844-1896)

Sentimental Colloquy

In the ancient park, solitary and vast,
Two forms only moments ago just passed.

Their lips barely move and their eyes are dead,
And one scarcely heard the words they said.

In the deserted old park now frozen fast,
Two specters summoned up their past.

—Do you remember our old ecstasy?
—Why would you bring it back again to me?

—Does your heart still throb hearing my name so?
Does my soul still appear in your reveries? —No.

—Ah, the old days, what joys have they seen
When your lips met my lips! It may have been.

—How blue was the sky, and our hope, how light!
—Hope has been vanquished back into the night.

In the weeds and dead grasses their steps led,
And only the night heard the words they said.

Mon Rêve Familier

Je fais souvent ce rêve étrange et pénétrant
D'une femme inconnue, et que j'aime, et qui m'aime,
Et qui n'est, chaque fois, ni tout à fait la même
Ni tout à fait une autre, et m'aime et me comprend.

Car elle me comprend, et mon coeur, transparent
Pour elle seule, hélas! cesse d'être un problème
Pour elle seule, et les moiteurs de mon front blême
Elle seule les sait rafraîchir, en pleurant.

Est-elle brune, blonde ou rousse?—Je l'ignore.
Son nom? Je me souviens qu'il est doux et sonore
Comme ceux des aimés que la Vie exila.

Son regard est pareil au regard des statues,
Et, pour sa voix, lointaine, et calme, et grave, elle a
L'inflexion des voix chères qui se sont tues.

Paul Verlaine

My Familiar Dream

I often have a strange and penetrating dream
Of an unknown woman, whom I love, and who loves me,
And who is, each time, neither entirely the same
Nor entirely different, and loves and understands me.

For she understands me, and my heart, transparent to her
Alone, alas! stops being a problem for her
Alone, and the moistness of my pale forehead,
She alone knows how to refresh it by her tears.

Is her hair brown, blond or red?—I know not.
Her name? I recall that it is sweet and sonorous like those
Of loved ones whom Life has exiled.

Her gaze is like the gaze of statues, and,
For her voice, distant, and calm, and grave, she has
The inflection of dear voices that have become silent.

Nevermore

Souvenir, souvenir, que me veux-tu? L'automne
Faisait voler la grive à travers l'air atone,
Et le soleil dardait un rayon monotone
Sur le bois jaunissant où la bise détone.

Nous étions seul à seule et marchions en rêvant,
Elle et moi, les cheveux et la pensée au vent.
Soudain, tournant vers moi son regard émouvant:
"Quel fut ton plus beau jour?" fit sa voix d'or vivant,

Sa voix douce et sonore, au frais timbre angélique.
Un sourire discret lui donna la réplique,
Et je baisai sa main blanche, dévotement.

—Ah! les premiéres fleurs, qu'elles sont parfumées!
Et qu'il bruit avec un murmure charmant
Le premier oui qui sort de lèvres bien-aimées!

Paul Verlaine

Nevermore

Memory, memory, what do you want from me?
Autumn made the thrush fly through the air
And the monotone ray by the sun was strewn
On the yellowing woods where the north wind sings.

We were alone and walked while dreaming,
She and I, our hair and our thoughts in the wind.
Suddenly, turning her radiant gaze towards me:
"What was your most glorious day?" said her golden voice.

Her voice sonorous and sweet with its fresh angelic timbre.
A discreet smile answered her
And I kissed her white hand with devotion.

Ah! the first flowers, how scented they are!
And with the charming murmur there rustling slips
The first yes that issued from those beloved lips.

Rêvé pour L'hiver

L'hiver, nous irons dans un petit wagon rose
Avec des coussins bleus.
Nous serons bien, Un nid de baisers fous repose
Dans chaque coin moelleux.

Tu fermeras l'oeil, pour ne point voir, par la glace,
Grimacer les ombres des soirs,
Ces monstruosités hargneuses, populace
De démons noirs et de loups noirs.

Puis tu te sentiras, la joue égratignée—
Un petit baiser, comme une folle araignée,
Te courra par le cou...

Et tu me diras: "Cherche!" en inclinant la tête,
—Et nous prendrons du temps à trouver cette bête
—Qui voyage beaucoup.

Arthur Rimbaud (1854-1891)

A Winter Dream

During winter we will ride in a little red carriage
With cushions of blue.
We will be so happy. And a nest of stolen kisses
Will soften the turn at each corner.

You shut your eyes and no longer look out the window
At the grimacing shadows of the night,
Hordes of gloomy nightmares, populated with
Black demons and black wolves.

And then you suddenly feel with a panic—
A little kiss, like a scared spider crawl
Across your cheek to your neck—

You say to me: "Look!" as you turn your head
—And I take forever as I try to find the beast.
—What a marvelous ride!

Chanson

Que me fait toute la terre
Inutile où tu n'as pas
En marchant marqué tes pas
Sur le sable ou la poussière!

Il n'est de fleuve attendu
Par ma soif qui s'y étanche
Que l'eau qui sourd et s'épanche
De la source où tu as bu;

La seule fleur qui m'attire
Est celle où je trouverai
Le souvenir empourpré
De ta bouche et de ton rire;

Et, sous la courbe des cieux,
La mer pour moi n'est immense
Que parce qu'elle commence
A la couleur de tes yeux.

Henri de Régnier (1864-1936)

Song

What is all the world to me?
What to me are useless lands,
If your footprint I do not see
Impressed in dust and sands?

What is water to my thirst?
What the clearest stream that flows
If you have not drunk there first
Water from the mountain snows?

What lovely flower can eclipse,
So elegant and budding new
The laughter of your sweet lips
That recalls the rosy hue?

And beneath the curving sky
The great ocean is not vast
When the color of your eyes
Against rippling waves is cast.

Les Pas

Tes pas, enfants de mon silence,
Saintement, lentement placés,
Vers le lit de ma vigilance
Procèdent muets glacés.

Personne pure, ombre divine,
Qu'ils sont doux, tes pas retenues!
Dieux!...tous les dons que je devine
Viennent à moi sur ces pieds nus!

Si, de tes lèvres avancées.
Tu prépares pour l'apaiser,
A l'habitant de mes pensées
La nourriture d'un baiser,

Ne hâte pas cet acte tendre,
Douceur d'être et de n'être pas,
Car j'ai vécu de vous attendre,
Et mon coeur n'était que vos pas.

Paul Valéry (1871-1945)

The Steps

Your steps, children of silence,
sacredly and slowly placed,
go silent and icy towards
the bed of my vigilance.

Pure being, divine shadow, how
sweet they are, your steps withheld.
Gods!...All the gifts I dream of
come to me on those bare feet!

If, with your sweet lips,
you prepare the nourishment
of a kiss for the inhabitant of my
thoughts in order to calm him,

Do not hasten that tender act,
the sweetness to be and not to be,
for I have lived to wait for you,
and my heart was but for your steps.

Le Pont Mirabeau

Sous le pont Mirabeau coule la Seine
Et nos amours
Faut-il qu'il m'en souvienne
La joie venait toujours après la peine
Vienne la nuit sonne l'heure
Les jours s'en vont je demeure

Les mains dans les mains restons face à face
Tandis que sous
Les pont de nos bras passe
Des éternels regards l'onde si lasse
Vienne la nuit sonne l'heure
Les jours s'en vont je demeure

L'amour s'en va comme cette eau courante
L'amour s'en va
Comme la vie est lente
Et comme l'espérance est violente
Vienne la nuit sonne l'heure
Les jours s'en vont je demeure

Passent les jours et passent les semaines
Ni temps passé
Ni les amours reviennent
Sous le pont Mirabeau coule la Seine
Vienne la nuit sonne l'heure
Les jours s'en vont je demeure

Guillaume Apollinaire (1880-1918)

The Mirabeau Bridge

Under the Mirabeau bridge flows the Seine
And our love
I must remember then
Joy always comes after the pain
The clock strikes and night comes again
Days are passing and I remain

Your hand in mine as we are face to face
While underneath
The bridge of our raised arms trace
The eternal gaze of the flowing water
The clock strikes and night comes again
Days are passing and I remain

Love passes by as the flowing stream
Love passes
How dreary our lives seem
And our hope is a violent dream
The clock strikes and night comes again
Days are passing and I remain

Days pass and the weeks pass again
Neither time that is gone
Nor our love will ever remain
Under the Mirabeau bridge flows the Seine
The clock strikes and night comes again
Days are passing and I remain

Les Mots

Les mots, les mots spéciaux qu'elle avait faits pour moi,
je l'écoutais les dire à l'Autre.
J'entends sonner son sabre sur le bois du lit. J'entendrai
toutes les paroles.
Quand il l'embrasse sur les yeux, là, tout au bord de
l'île où s'allume une lampe, il sent ses paupières battre
sous sa bouche comme la tête d'un oiseau qu'on a pris et qui a peur...

Il s'attarde au réseau des vaisseaux délicats comme
l'ombre légère d'une plante marine...
Il caresse tout son corps les seins qu'envenime l'amour...

J'entendrai tout, dans ce couloir aux minces cloisons,
tout blanc de fenêtres, avec cette odeur fade et sucrée
de la boiserie que le soleil chauffe...

Quelquefois j'attendais longtemps devant sa porte et
dans un décor si connu qu'il m'écoeurait. J'y frappais.
J'entendais de vide bâiller derrière... On marchait bien
vite, à côté, comme pour venir ouvrir...

Une heure se plaignait quelque part. Le soir tombait
par les baies vitrées, sur les marches...

Et puis les houles du vent d'automne, des frissons
d'arbres sur les remparts, l'odeur de la pluie dans les
douves, et bien des chansons de Paris passèrent sur elle...

Léon-Paul Fargue (1876-1947)

Words

The words, the special words she had for me,
I listened as she said them to another.
I hear the sabre sound on the wood of the bed.
I will hear all of her words.
When he kisses her on the eyes, there at the
edge of the island where a lamp is burning, he
feels her eyelids beating beneath his mouth like
the head of a bird which has been captured
and is scared...

He slowly moves along the network of veins as
the faint shadow of an underwater plant...
With his whole body he caresses the breasts
made poisonous by love...

I will hear everything in the corridor with thin
partitions, all white with windows, with this vapid,
sweet smell of wood scorched by the sun...

Sometimes I waited for a long time before her
door and in a place so well known that it made
me sick. I knocked. I heard the empty space
sprawling behind...Next door they were walking
quickly as if to come and open...

Somewhere a clock was mourning. Evening fell
through the glazed bays on the steps...

Then the surge of the autumn wind, the murmuring
of the trees on the ramparts, the smell of rain in the
moats, and many songs of Paris passed over her...

Arc-en-Ciel

Sous l'arc des nuages durcis
Au bruit des voix qui s'abandonnent
Sur les trottoirs blancs et les rails
A travers les branches du temps
J'ai regardé passer ton ombre
Seule entre les signes obscurs
Les traits de lumière mouvante
Transparente aux reflets de fausses devantures
Et elle allait et elle allait
Jamais tu n'as marché si vite
Je me rappelais ta figure
Mais elle était beaucoup moins grande
Et puis j'ai regardé ailleurs
Mais pour te retrouver encore
Dans mes échos de jour roulant dans ma mémoire

Des fils de souvenirs s'accrochent dans les branches
Des feuilles dans l'air bleu planent à contre vent
Un ruisseau de sang clair se glisse sous la pierre
Les larmes et la pluie sur le même buvard
Puis tout se mêle au choc dans l'ouate plus épaisse
Dans l'écheveau du sort le coeur perd son chemin
Toujours le même qui s'arrête
Toujours le même qui revient

Le soleil s'éteignait
Je regardais plus loin
Les traces de tes pas brodaient d'or la poussière
Et tout ce qui n'était pas là
Dans les flammes du soir qui dévorent la terre

Pierre Reverdy (1889-1960)

The Rainbow

Beneath the arch of somber clouds,
to the noise of voices ignoring restraint,
on the white pavements and the rails,
through the branches of time,
I have watched your shadow pass
along the hidden signs,
the shafts of moving lights,
transparent in the reflection of the shop fronts.
And it went on and on,
you never walked so quickly.
I remembered your face,
but it was much smaller,
but then I looked elsewhere,
and found you again in the day's
echoes lost revolving in my memory.

Threads of memory hang on the branches.
Leaves glide in the blue air against the wind.
A stream of bright blood flows beneath the stone,
tears and rain on the same blotter.
Then everything is mingled with a cloth
a thick cotton-wool. The heart loses its
way in the labyrinth of fate.
Always the same stopping
Always the same returning.

The sun went out.
I looked farther away.
The marks of your steps were covered
with gold dust, and everything that was
not there in the flames of evening
consumed the earth.

Je T'aime

Je t'aime pour toutes les femmes que je n'ai pas connus
Je t'aime pour les temps où je n'ai pas veçu
Pour l'odeur du grand large et l'odeur du pain chaud
Pour la neige qui fond pour les premières fleurs
Pour les animaux purs que l'homme n'effraie pas
Je t'aime pour aimer
Je t'aime pour toutes les femmes que je n'aime pas

Qui me reflète sinon toi-même je me vois si peu
Sans toi je me vois rien qu'une étendue déserte
Entre autrefois et aujourd'hui
Il y a eu toutes ces morts que j'ai franchies sur de la paille
Je n'ai pas pu percer le mur de mon miroir
Il m'a fallu apprendre mot par mot la vie
Comme on oublie

Je t'aime pour ta sagesse qui n'est pas la mienne
Pour la santé
Je t'aime contre tout ce qui n'est qu'illusion
Pour ce coeur immortel que je ne détiens pas
Tu crois être le doute et tu n'es que raison
Tu es le grand soleil qui me monte à la tête
Quand je suis sûr de moi.

Paul Eluard (1895-1952)

I Love You

I love you for all the women I have not known
I love you for all the time I have not lived
For the scent of the vast sea and warm bread
For the snow that melts for the first flowers
For the pure animals untouched by man
I love you to love
I love you for all the women I do not love

Who reflects me except you, I am so small
Without you I see nothing but a vast desert
Between yesterday and today
There are all those deaths I crossed in the street
I have not been able to pierce my mirror wall
I have learned life word by word
As one forgets

I love you for all the wisdom that is not mine
For health
I love you against everything that is mere illusion
For the immortal heart that I do not possess
You believe you are doubt, but you are reason
You are the great sun that makes me drunk
When I am sure of myself.

La Courbe de Tes Yeux

La courbe de tes yeux fait le tour de mon coeur,
Un rond de danse et de douceur,
Auréole du temps, berceau nocturne et sûr,
Et si je ne sais plus tout ce que j'ai vécu
C'est que tes yeux ne m'ont pas toujours vu.

Feuilles de jour et mousse de rosée,
Roseaux du vent, sourires parfumés,
Ailes couvrant le monde de lumière,
Bateaux chargés du ciel et de la mer,
Chasseurs des bruits et sources des couleurs

Parfums éclos d'une couvée d'aurores
Qui gît toujours sur la paille des astres,
Comme le jour dépend de l'innocence
Le monde entier dépend de tes yeux purs
Et tout mon sang coule dans leurs regards.

Paul Eluard

The Curve of Your Eyes

The curve of your eyes circles my heart,
A round of dance and gentleness,
Time's aureole, safe nocturnal cradle,
And if I don't remember all that I have lived
Blame your eyes that haven't always seen me.

Leaves of day and moss of dew,
Reeds of the wind, perfumed smiles,
Wings spreading light over the world,
Boats laden with the sky and the sea,
Hunters of noises and springs of colors

Perfumes bursting from a myriad dawns
Always lying on a pallet of stars,
As the day depends on innocence
The whole world depends upon your clear eyes
And all my blood flows within their gaze.

Le Front aux Vitres

Le front aux vitres comme font les veilleurs de chagrin
Ciel dont j'ai dépassé la nuit
Plaines toutes petites dans mes mains ouvertes
Dans leur double horizon inerte indifférent

Le front aux vitres comme font les veilleurs de chagrin
Je te cherche par-delà l'attente
Par-delà moi-même.
Et je ne sais plus tant je t'aime
Lequel de nous deux est absent.

Paul Eluard

With My Forehead

With my forehead against the pane as a vigil of sorrow
Sky whose night I have overtaken
Tiny plains in my open hands
In their double horizon indifferent languor

With my forehead against the pane as a vigil of sorrow
I search for you beyond expectation
Beyond myself.
I love you so much that I no longer know
Which one of us is absent.

Pour Toi Mon Amour

Je suis allé au marché aux oiseaux
Et j'ai acheté des oiseaux
Pour toi
mon amour

Je suis allé au marché aux fleurs
Et j'ai acheté des fleurs
Pour toi
mon amour

Je suis allé au marché à la ferraille
Et j'ai acheté des chaînes
Des lourdes chaînes
Pour toi
mon amour

Et puis je suis allé au marché aux esclaves
Et je t'ai cherchée
Mais je ne t'ai pas trouvée
mon amour.

Jacques Prévert (1900-1977)

For You My Love

I went to the market of birds
And I bought some birds
For you
my love

I went to the market of flowers
And I bought some flowers
For you
my love

I went to the market of iron
And I bought some chains
Some heavy chains
For you
my love

Then I went to the market of slaves
And I searched for you
But I did not find you there
my love.

Non, L'amour N'est Pas Mort

Non, l'amour n'est pas mort en ce coeur et ces yeux et cette bouche
    qui proclamait ses funérailles commencées.
Ecoutez, j'en ai assez du pittoresque et des couleurs et du charme.
J'aime l'amour, sa tendresse et sa cruauté.
Mon amour n'a qu'un seul nom, qu'une seule forme.
Tout passe. Des bouches se collent à cette bouche.
Mon amour n'a qu'un nom, qu'une forme.
Et si quelque jour tu t'en souviens
O toi, forme et nom de mon amour,
Un jour sur la mer entre l'Amérique et l'Europe,
A l'heure où le rayon final du soleil se réverbère sur la surface
    ondulée des vagues, ou bien une nuit d'orage sous un arbre
    dans la campagne, ou dans une rapide automobile.
Un matin de printemps boulevard Malesherbes.
Un jour de pluie.
A l'aube avant de te coucher,
Dis-toi, je l'ordonne à ton fantôme familier, que je fus seul à
    t'aimer davantage et qu'il est dommage que tu ne l'aies pas
    connu.
Dis-toi qu'il ne faut pas regretter les choses; Ronsard avant moi et
    Baudelaire ont chanté le regret des vieilles et des mortes qui
    méprisèrent le plus pur amour.
Toi, quand tu sera morte,
Tu seras belle et toujours désirable.
Je serai mort déjà, enclos tout entier en ton corps immortel, en ton
    image étonnante présente à jamais parmi les merveilles
    perpétuelles de la vie et de l'éternité, mais si je vis.
Ta voix et son accent, ton regard et ses rayons,
L'odeur de toi et celle de tes cheveux et beaucoup d'autres choses
    encore vivront en moi,
En moi qui ne suis ni Ronsard ni Baudelaire.

No, Love Is Not Dead

No, love is not dead in this heart and these eyes and this mouth
that proclaimed the beginning of its own funeral,
Listen, I have had enough of the picturesque, of the colors and
charm.
I love love, its tenderness and its cruelty.
The one I love has only a single name, a single form.
Everything else passes. Mouths cling to this mouth
The one I love has only one name, one form.
And some day if you remember it
One day on the sea between America and Europe,
When the last ray of the sun vacillates on the undulating surface
of the waves or else one stormy night beneath a tree in the
country, or in a speeding car,
One spring morning in the Boulevard Malesherbes,
One rainy day,
At dawn before you go to bed,
Tell yourself, I summon your familiar ghost, that I was the one to
love you more and what a pity it is you did not know it.
Tell yourself that you should not be sorry for anything; before me
Ronsard and Baudelaire sang the sorrows of old, dead women
who despised the purest love.
You, when you die,
You will still be beautiful and desirable.
I will already be dead, completely enclosed in your immortal
body, in your beautiful image present forever among the
perpetual wonders of life and eternity, but if I live longer than
you
Your voice and the way it sounds, your gaze and the way it shines,
The smell of you and your hair and many things will continue to
live in me,
In me, and I am not Ronsard or Baudelaire,

Moi qui suis Robert Desnos et qui, pour t'avoir connue et aimée,
Les vaux bien
Moi qui suis Robert Desnos, pour t'aimer
Et qui ne veux pas attacher d'autre réputation à ma mémoire sur
*   la terre mémoire sur la terre méprisable.*

Robert Desnos (1900-1945)

Just me, Robert Desnos who, for having known you and loved you,
Is as good as they are.
Just me Robert Desnos who, for loving you
Does not want to be remembered for anything else on this
    miserable earth.

A la Mystérieuse

J'ai tant rêvé de toi que tu perds ta réalité.

*Est-il encore temps d'atteindre ce corps vivant et de
baiser sur cette bouche la naissance de la voix qui m'est chère?*

*J'ai tant rêvé de toi que mes bras habitués, en étreignant
ton ombre, à se croiser sur ma poitrine ne se plieraient pas au
contour de ton corps, peut-être.*

*Et que, devant l'apparence réelle de ce qui me hante et
me gouverne depuis des jours et des années, je deviendrais une
ombre sans doute.*

O balances sentimentales.

*J'ai tant rêvé de toi qu'il n'est plus temps sans doute que
je m'éveille. Je dors debout, le corps exposé à toutes les
apparences de la vie et de l'amour et toi, la seule qui compte
aujourd'hui pour moi, je pourrais moins toucher ton front et
tes lèvres que les premières lèvres et le premier front venus.*

*J'ai tant rêvé de toi, tant marché, parlé, couché avec ton
fantôme qu'il ne me reste plus peut-être, et pourtant, qu'à
être fantôme parmi les fantômes et plus ombre cent fois que
l'ombre qui se promène et se promènera allégrement sur le
cadran solaire de ta vie.*

Robert Desnos

To a Mysterious Woman

I have dreamed so much of you that you have become unreal.

Is there still time to reach that living body and to kiss
on those lips the birth of the voice that is so dear to me?

I have dreamed so much of you that my arms, accustomed to
being crossed on my chest while embracing your shadow,
would not
bend to enfold your body.

And that, faced with the reality of what has haunted me and
ruled me for days and years, I should doubtless become a
shadow myself.

O emotional fulcrum.

I have dreamed so much of you that there is no time for me
to awaken. I am half asleep while I stand, my body exposed to
all the
appearances of life and love and you, who alone count for me
today,
I could no more touch your brow and your lips than the brow
and
the lips of any woman I met.

I have dreamed so much of you, so often walked, talked,
slept with your phantom that perhaps the only thing still left
for me
is to be a ghost among ghosts and a hundred times more than a
ghost who walks and will move joyfully on the sundial of your life.

Je Ne T'ai Jamais Oubliée

Sans nom maintenant sans visage
sans plus rien de tes yeux ni de ta pâleur

Dénoué de l'assaut de mon désir dans ton égarante image
dénué par les faux aveux du temps
pas les fausses pièces de l'amour racheté
par tous ces gains perdus
libéré de toi maintenant
libre comme un mort
vivant de seule vie moite
enjoué avec les pierres et les feuillages

Quand je glisse entre les seins des douces mal aimées
je gis encore sur ton absence
sur la vivante morte que tu fais
par ton pouvoir ordonné à me perdre
jusqu'au bout de mon silence.

André Frénaud (b. 1907)

I Have Never Forgotten You

Now without name, without face,
with nothing more of your eyes or pallor.

Unleashed from my desire's assault
on your misleading image, stripped
by the false confessions of time,
ransomed by the false coins of love,
by all of these gains that have been lost,
freed from you now, free as a dead man,
living an empty life alone,
with the stones and leaves,

When I am between the breasts of
other, gentle, unloved women, I still
lie on your absence, on the living corpse
you make through your power ordained
to destroy me to the end of my silence.

French Quotations
& Proverbs

*Amour, tous les autres plaisirs
Ne valent pas tes peines.*

Proverb

❦

On revient toujours a ses premiers amours.

Proverb

❦

*L'absence est à l'amour, ce qu'est au feu le vent.
Il éteint le petit, il allume le grand.*

Rabutin

❦

*Plaisir d'amour ne dure qu'un instant.
Chagrin d'amour dure toute la vie.*

Saint-John Perse

❦

Que avidement croit tout ce qu'il souhaite.

Racine

Love, your pains are worth more than all other pleasures combined.

❧

One always returns to one's first love.

❧

Absence acts upon love as wind acts upon fire. It snuffs the faint and makes the ardent burn higher.

❧

Love's pleasure lasts but a moment, Love's pain lasts a lifetime.

❧

Love eagerly believes everything it wishes.

Que nul ne meurs qu'il n'ait aimé.
Saint-John Perse

❧

Il est bon de ne pas laisser un amant seul maître du terrain, de peur que, faute de rivaux, son amour ne s'endorme sur trop de confiance.
Molière

❧

L'amour est comme les maladies épidémiques. Plus on les craint, plus on y est exposé.
Chamfort

❧

Le flambeau de l'amour s'allume à la cuisine.
Proverb

❧

Il n'y a qu'une sorte d'amour, mais il y a mille différentes copies.
La Rochefoucauld

❧

Les femmes commencent vers trente ans à garder les lettres d'amour.
Chamfort

No one should die before he has loved.

*It is best not to leave a lover sole master of the field
for fear that, in the absence of rivals his
love slumbers through excessive confidence.*

*Love is like an epidemic; the more one is afraid,
the more vulnerable one is.*

The torch of love is lit in the kitchen.

*There is only one kind of love, but there are a
thousand different copies.*

*When they approach thirty years of age, women
begin to save their love letters.*

Tout le plaisir de l'amour est dans le changement.

Molière

❧

Un amour défini est un amour fini.

Proverb

❧

L'amour est souvent un fruit de mariage.

Molière

❧

Je t'aime plus qu'hier, moins que demain.

Rostand

❧

Il y a l'un qui baise et l'autre qui tend le joue.

Proverb

❧

Amour, amour, quand tu nous tiens.
On peut bien dire Adieu prudence.

La Fontaine

The whole pleasure of love is in its variety.

A love defined is a love that is finished.

Love is often a consequence of marriage.

I love you more than yesterday, less than tomorrow.

Some kiss, others offer a cheek.

Love, love, when you hold us in your grasp we can say farewell to caution.

Je serai grand, et toi riche,
Puisque nous nous aimerons.

Victor Hugo

Vous ne connaissez point ni l'amour ni ses traits.
On peut lui résister quand il commence à naître.
Mais non pas le bannir quand il s'est rendu maître.

Corneille

L'amour est la seule passion qui ne souffre
ni passé ni avenir.

Balzac

Votre coeur est à moi, j'y règne, c'est assez.

Corneille

L'amour idéal est un mensonge des poètes.

Alphonse Daudet

Et vivre sans aimer n'est pas proprement vivre.

Molière

*Since we shall love each other, I shall be
great and you shall be rich.*

※

*You know neither love nor its tricks.
It can be resisted at the beginning, but it is
impossible to banish once it is your master.*

※

*Love is the only passion that cares not
about the past or the future.*

※

Your heart is mine; there I reign, I am content.

※

Ideal love is a delusion put forth by poets.

※

To live without love is not to properly live.

On ne badine pas avec l'amour.

Proverb

❧

D'un objet aimé tout est cher.

Beaumarchais

❧

L'amour qui naît subitement est le plus long à guérir.

La Bruyère

❧

*Quand l'amour veut parler, le raison
doit se taire.*

Regnard

❧

*L'amour sans désirs est une chimère,
il n'existe pas dans la nature.*

Ninon de Lenclos

❧

*L'amour sans estime ne peut aller bien loin, ni
s'élever bien haut, c'est un ange qui n'a qu'une aile.*

Alexandre Dumas fils

Love is not to be trifled with.

Everything belonging to a loved one is precious.

*Love that springs suddenly into being
takes the longest to cure.*

When love talks, reason must be silent.

Love without desire is a delusion; it does not exist in nature.

*Without respect love cannot go far or rise high;
it is an angel with only one wing.*

*L'amour est un plaisir qui nous tourmente, mais
ce tourment fait plaisir.*

Stendhal

❧

*L'amour est un traître qui nous égratigne lors même
qu'on ne cherche qu'à jouer avec lui.*

Ninon de Lenclos

❧

Aimer et être aimé sera la grande affaire de toute notre vie.

Rousseau

❧

L'amour est un oiseau qui chante au coeur des femmes.

Alphonse Karr

❧

L'amour est le désir pour l'inconnu étendu à la folie.

Petiet

❧

L'amour ne meurt jamais de besoin, mais souvent d'indigestion.

Ninon de Lenclos

Love is a pleasure that torments as it pleases.

❧

*Love is a traitor who scratches us even when we want
only to play with him.*

❧

To love and be loved will be the greatest event in our lives.

❧

Love is a bird that sings in the hearts of women.

❧

Love is the yearning for the unknown carried to madness.

❧

Love never dies of want, but often of indigestion.

L'amour est un de ces maux qu'on ne peut cacher;
un mot, un regard indiscret, le silence même découvre.

Abeilard

L'amour est une chose frivole et cependant c'est la seule
arme avec laquelle on puisse frapper les âmes fortes.

Stendhal

Nulle créature humaine ne peut commander à l'amour.

Boulet

L'amour est une pure rosée qui descend du ciel
dans notre coeur.

LaForgue

L'amour est le désir d'achever le bonheur
d'autrui au moyen de notre propre bonheur.

Proverb

L'amour est le roi des jeunes et le tyran des vieillards.

Louis XII

ta

*Love is a sickness none can conceal; a look,
a word, or even silence can reveal it.*

ta

*Love is a trifling thing, and yet it is the only
weapon that can wound a stout heart.*

ta

No human being has the power to control love.

ta

Love is a pure dew which drops from heaven into our heart.

ta

*Love is the longing to achieve another's happiness by
achieving our own.*

ta

Love is the young man's king and the old man's tyrant.

L'amour est le roman de coeur et le plaisir en est l'histoire.

Mauriac

❧

On est aisément dupé par ce qu'on aime.

Molière

❧

L'amour est l'étoffe de la nature que l'imagination a brodée.

Voltaire

❧

L'amour, c'est la bataille des sexes. Les deux adversaires
Savent bien ce qu'ils veulent et tous les moyens sont bons.

Alexandre Dumas fils

❧

L'amour, c'est le plus fier des despots;
il faut être tout ou rien.

Stendhal

❧

Un amant dont l'ardeur est extrême. Aime
jusqu'aux défauts des personnes qu'il aime.

Molière

Love is the heart's novel and pleasure its history.

***

We are easily duped by those whom we love.

***

Love is the cloth which imagination embroiders.

***

*Love is the war of the sexes. Both sides know
their objective and all is fair to attain it.*

***

Love is a haughty despot; he will have all or nothing.

***

*A lover whose passion is extreme loves even
the faults of the beloved.*

On peut avoir eu deux passions, on n'a jamais deux amours. Qui a aimé deux fois n'a pas aimé.

Alexandre Dumas fils

❧

L'amour a des dédommagements que l'amitié n'a pas.

Montaigne

❧

L'amour apprend aux ânes à danser.

Proverb

❧

L'amour est l'égoisme à deux.

De la Salle

❧

L'amour et la fumée ne peuvent se cacher.

Proverb

❧

L'amour-propre est le plus grand de tous les flatteurs.

La Rochefoucauld

One may have two passions, but one cannot have two loves. One who loves twice does not love.

❧

Love has compensations which friendship does not.

❧

Love teaches even donkeys to dance.

❧

Love is selfishness for two.

❧

Love and smoke cannot be hidden.

❧

Self-love is the greatest of all flatterers.

L'amour, de tous sentiments le plus égoiste, et par conséquent, lorsqu'il est blessé, le moins généreux.

Benjamin Constant

❧

Le plus grand bonheur après l'amour, c'est de confesser son amour.

Andre Gide

❧

L'amour passe le temps; le temps passe l'amour.

Proverb

❧

Un amour qui a passé la jalousie est comme un joli visage qui a passé la petite vérole; il est toujours un peu grêlé.

Paul Bourget

❧

D'aimer son mari, c'est un fournisseur que l'on paie, mais son amant, c'est comme donner aux pauvres.

Toulet

❧

L'amour est plus violent que l'amour propre, puisqu'on peut aimer une femme malgré ses mépris.

Vauvernargues

*Love is the most selfish of all emotions,
thus the least generous when hurt.*

❧

*The greatest pleasure next to loving is to
confess your love.*

❧

Love passes the time; time passes the love.

❧

*Love that survives jealousy is like a pretty face
after smallpox, a bit pockmarked forever after.*

❧

*A woman who loves her husband is merely paying her bills.
A woman who loves her lover gives alms to the poor.*

❧

*Love is stronger than self-love, since we can love
a woman who scorns us.*

La vie est un sommeil, l'amour en est le rêve.

Musset

❧

L'amour est l'histoire de la vie des femmes;
c'est un épisode sans celle des hommes.

Madame de Staël

❧

On cesse de s'aimer si quelqu'un ne nous aime.

Madame de Staël

❧

Si on juge de l'amour par la plupart de ses effets,
il ressemble plus à la haine qu'à l'amitié.

La Rochefoucauld

❧

L'amour se plaît un peu dans le dérèglement.

Regnard

❧

On aime sans raison, et sans raison l'on hait.

Regnard

Life is a long sleep and love is its dream.

*Love is the very history of a woman's life,
it is merely an episode in a man's.*

We stop loving ourselves when no one loves us.

*Judged by most of its results, love is closer to
hatred than to friendship.*

Love is fond of spontaneous action.

We need no reason to love, nor yet to hate.

*L'amour est comme ces hôtels meublés dont tout
le luxe est au vestibule.*

Toulet

❦

L'amour est un grand maître, il instruit tout d'un coup.

Corneille

❦

*L'amour est tout: l'amour, et la vie au soleil.
L'amour est un grand point, qu'importe la maîtresse.*

Alfred de Musset

❦

*La plus belle moitié de la vie est cachée à l'homme qui
n'à pas aimé avec passion.*

Stendhal

❦

L'amour est l'occupation de ceux qui n'en ont pas autre.

Antoine Gombaud

❦

*L'amour, heurtant son front aveugle à tous les
obstacles de la civilisation.*

Stendhal

Love is like those second rate hotels
where all the luxury is in the lobby.

❧

Love is a good teacher, he teaches in no time.

❧

Love is everything: love and life in the sun. Love
is the main thing, the mistress does not matter.

❧

The most beautiful part of life is concealed from
a man who has not loved with passion.

❧

Love is an occupation for those who have no other.

❧

Love, bumping his head blindly against the obstacles
of civilization.

L'amour ne fait pas de tort à la reputation des dames,
mais le peu de mérite des amants les déshonore.

Saint-Evremond

L'amour a toujours été pour moi la plus grande
des affaires, ou plutôt la seule.

Stendhal

L'amour commence par l'amour; et l'on ne saurait
passer de la plus forte amitié qu'à un amour faible.

La Bruyère

Les Muses et l'Amour ont les mêmes retraites.
L'astre qui fait aimer est l'astre des poètes.

Chénier

Le coeur a ses raisons que la raison ne connaît pas.

Pascal

Aimer, ce n'est pas se regarder l'un l'autre, c'est
regarder ensemble dans la même direction.

Saint-Exupéry

Love does not hurt ladies' reputations,
unless their lovers lack merit.

ɚ

Love has always been the most important business
in my life, or rather the only one.

ɚ

Love alone begets love. The strongest of friendships
could only become a weak love.

ɚ

Love and the Muses have the same retreats.
The star that guides love is the poet's star.

ɚ

The heart has reasons that the mind knows not.

ɚ

Love is not the act of looking at each other but
of looking together in the same direction.

*L'amour est une passion qui ne se soumet à rien,
et à qui au contraire, toutes choses se soumettent.*

Scudéry

❧

*Une femme amoureuse ne craint pas l'enfer et
le paradis ne lui fait pas envie.*

Anatole France

❧

*Quand on s'aime, on se le dit trop et on ne
le prouve pas assez.*

Régnier

❧

L'amour est une mer dont la femme est la rive.

Victor Hugo

❧

*Le véritable amour, dès que le coeur soupire,
instruit en un moment de tout ce qu'on doit dire.*

Corneille

❧

*Un amant, c'est de l'amour; deux amants, c'est
du tempérament; trois amants, c'est du commerce.*

Proverb

Love is a passion which surrenders to nothing, but to the contrary, everything surrenders to love.

❧

A woman in love neither fears hell nor envies paradise.

❧

When in love one often speaks of love too much but does not prove it enough.

❧

Love is an ocean and a woman is the shore.

❧

True love is like a sigh from the heart; it teaches in a moment everything one ought to say.

❧

One lover, that is love; two lovers, that is passion; three lovers, that is commerce.

Le premier symptôme de l'amour vrai chez un jeune homme, c'est la timidité; chez une fille, c'est la hardiesse.

Victor Hugo

❧

Tout est magie dans les rapports entre homme et femme.

Paul Valéry

❧

Une femme qui a un amant est un ange, une femme qui a deux amants est un monstre, une femme qui a trois amants est une femme.

Victor Hugo

❧

On garde longtemps son premier amant, quand on n'en prend point de second.

La Rochefoucauld

❧

Les femmes vraiment belles sont faites pour les amants qui manquent d'imagination

Maupassant

❧

L'amour comme les hirondelles, porte bonheur aux maisons.

Emile Zola

The first symptom of love in a young man is shyness;
the first symptom in a young woman, its boldness.

❧

Everything is magic in the relationship between a man
and a woman.

❧

A woman with one lover is an angel, a woman with
two lovers is a monster, a woman with three lovers
is a woman.

❧

You keep your first love longer
when you don't take a second one.

❧

The most beautiful women are made for lovers who
lack imagination.

❧

Love, like swallows, brings luck to a home.

Le seul vrai language au monde est un baiser.

Musset

❧

*Le plus grand bonheur que puisse donner l'amour c'est
le premier serrement de main d'une femme qu'on aime.*

Stendhal

❧

Où il y a mariage sans amour, il y aura amour sans mariage.

Proverb

❧

Celui qui aime beaucoup ne pardonne pas facilement.

Claudel

❧

*L'amour est incomparablement meilleur que la
haine; elle ne saurait être trop grande.*

Descartes

❧

Quand l'amour se déchire, on ne peut pas en recoudre les bords.

Proverb

The only true language in the world is a kiss.

*The greatest happiness that love can give is the first
handclasp of the woman you love.*

*When there is marriage without love, there
will be love without marriage.*

One who loves with passion can not easily forgive.

Love is much better than hatred; there is never too much.

When love is torn apart one cannot gather the pieces.

Ne pas aimer quand on a reçu du ciel une âme faite pour l'amour, c'est se priver soi et autrui d'un grand bonheur.

Stendhal

Les gens qui aiment ne doutent de rien ou doutent de tout.

Balzac

Aimer sans espoir est encore un bonheur.

Balzac

Le désir nous met au pied des femmes, mais à son tour, le plaisir nous les soumet.

Beaumarchais

Quand on est prise par la passion, il faut essayer de lutter, mais pas trop.

Bernard

La passion est toute l'humanité, sans elle, la religion, l'histoire, le roman, l'art seraient inutiles.

Balzac

L'amour qui économise n'est jamais le véritable amour.

Balzac

Not to love when one has received from heaven a soul made for love is to deprive oneself and others of a great happiness.

Those in love either doubt nothing or doubt everything.

To love without hope is still happiness.

Desire places us at the foot of women, but in time, the pleasure subdues them.

When one is seized with passion, one should try to resist, but not too much.

Passion is in all humanity; without it, religion, history, literature, and art would be rendered useless.

Love which economizes is never true love.